D1808341

le Petit Poucet

© 2001 La Chauve souris / StudioCanal / France3 Cinéma

© Canal+Éditions, 2001
85/89, quai André-Citroën
75711 Paris Cedex 15

ISBN : 2-226-12719-4

Olivier Dahan

Le Petit Poucet

CANAL+ EDITIONS

e voilà au crépuscule d'une vie bien remplie...
J'ai vu tellement de choses, rencontré tant de gens...
J'ai navigué sur toutes les mers, foulé les sols de tous
les continents, côtoyé des rois et des personnes bien
plus grandes encore. J'ai même appris à lire dans les étoiles et
dans le cœur des hommes, ainsi j'ai pu voir la beauté de ce monde.
Pourtant, il fut un temps où, enfant, tout me faisait peur, où tout
semblait sombre et froid. Il y a bien longtemps, très longtemps…
À cette époque, on m'appelait Poucet, Petit Poucet…

A la lisière d'une épaisse forêt, mon père bûcheron avait bâti de ses propres mains notre minuscule ferme. L'hiver était rude et nos récoltes gelées. La faim tiraillait nos ventres affamés. Ma douce et frêle mère lui avait donné cinq enfants, cinq garçons. Une aubaine pour aider aux champs. Quand je vins au monde, n'étant pas plus gros qu'un pouce, mon père me baptisa Poucet, mes frères eux s'empressèrent de me surnommer Petit Poucet. Plus délicat, plus jeune, j'étais devenu leur souffre-douleur. Quoi que je dise ou fasse, j'avais toujours tort. Cependant, le regard aimant de ma mère décuplait mes forces et mon courage. Très rapidement, je pris le pli de parler peu et d'écouter. Jusqu'au jour où…

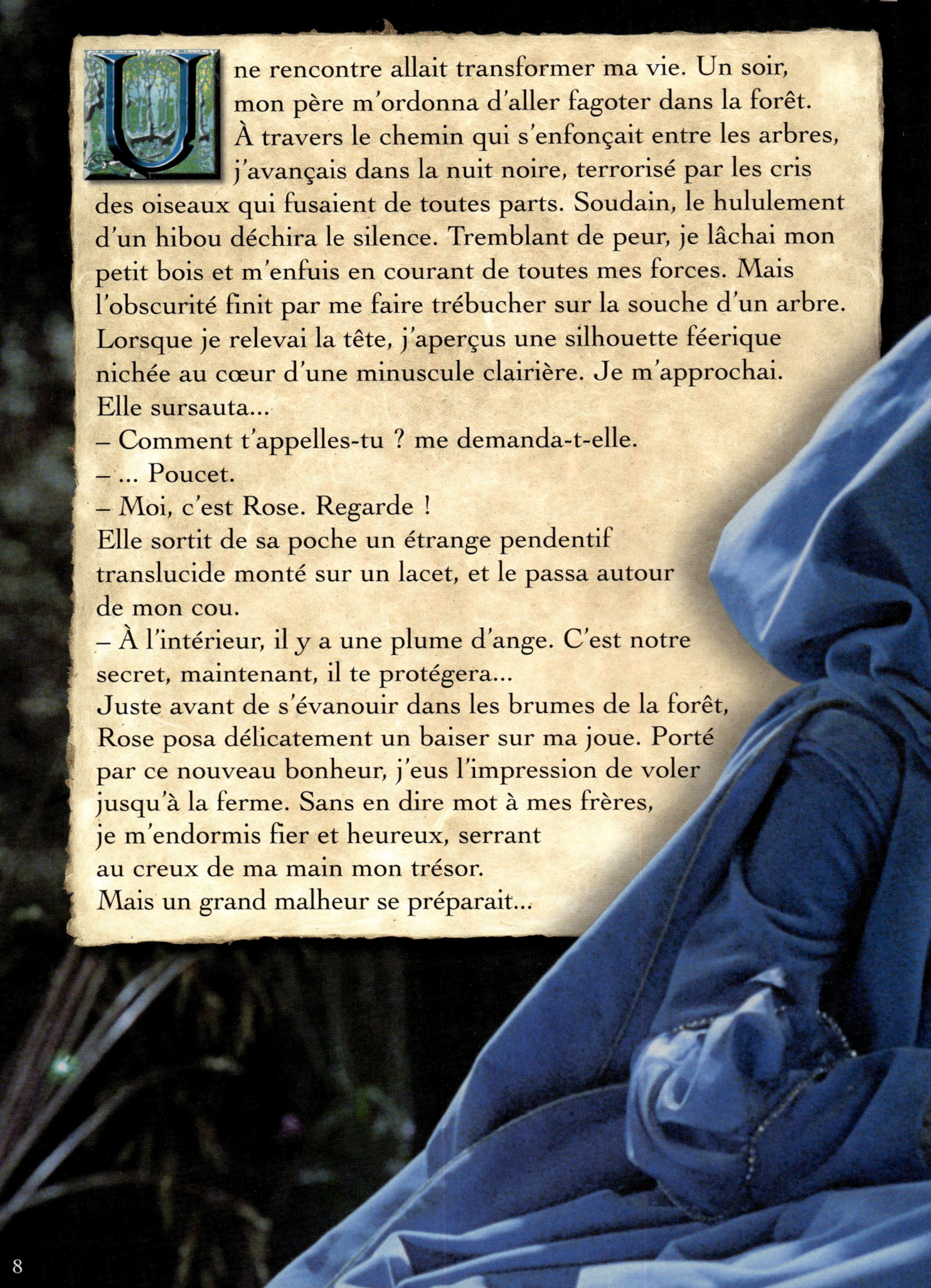

Une rencontre allait transformer ma vie. Un soir, mon père m'ordonna d'aller fagoter dans la forêt. À travers le chemin qui s'enfonçait entre les arbres, j'avançais dans la nuit noire, terrorisé par les cris des oiseaux qui fusaient de toutes parts. Soudain, le hululement d'un hibou déchira le silence. Tremblant de peur, je lâchai mon petit bois et m'enfuis en courant de toutes mes forces. Mais l'obscurité finit par me faire trébucher sur la souche d'un arbre. Lorsque je relevai la tête, j'aperçus une silhouette féerique nichée au cœur d'une minuscule clairière. Je m'approchai. Elle sursauta...

– Comment t'appelles-tu ? me demanda-t-elle.

– ... Poucet.

– Moi, c'est Rose. Regarde !

Elle sortit de sa poche un étrange pendentif translucide monté sur un lacet, et le passa autour de mon cou.

– À l'intérieur, il y a une plume d'ange. C'est notre secret, maintenant, il te protégera...

Juste avant de s'évanouir dans les brumes de la forêt, Rose posa délicatement un baiser sur ma joue. Porté par ce nouveau bonheur, j'eus l'impression de voler jusqu'à la ferme. Sans en dire mot à mes frères, je m'endormis fier et heureux, serrant au creux de ma main mon trésor.

Mais un grand malheur se préparait...

Ce matin-là, le brouillard avait envahi la cour de notre ferme. Comme toujours, notre mère s'affairait aux préparatifs de notre maigre petit déjeuner composé d'uniques fines tranches de pain noir. Quand peu à peu des cliquetis métalliques commencèrent à résonner. Des cris féroces vinrent alors surprendre notre sommeil et la porte de notre maison vola en éclats, laissant s'engouffrer des guerriers effrayants. Ils renversaient tout sur leur passage tandis que d'autres pillaient déjà nos réserves de nourriture.

– Pitié, ne prenez pas notre grain, suppliait mon père. Sans lui, nous mourrons de faim !

Riant à gorge déployée, leur chef à l'œil de serpent d'argent et à la jambe de fer lança d'une voix grave et puissante :

– NOUS SOMMES EN GUERRE. JE VEUX LE CHÂTEAU DE VOTRE SEIGNEUR ! ET RIEN NE POURRA M'ARRÊTER.

Sous le couperet de cette terrible déclaration, notre vie allait basculer...

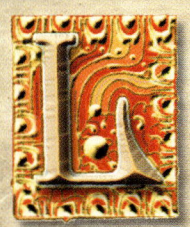

a foudre des soldats passée, nous étions plus que jamais misérables. Faute de pouvoir dîner, mes frères étaient allés se coucher tandis que moi, assis sous la fenêtre de notre ferme, je contemplais la lumière du ciel étoilé. Surpris par des pleurs, je vis ma mère sangloter aux mots de mon père :

– Nous n'avons plus rien, ni à récolter, ni à semer ! Pas même un sou de côté. Je ne veux pas voir mes enfants mourir. J'ai déjà connu la famine. Leur seule chance est de les emmener en pleine forêt. Demain dès l'aube, nous les conduirons...

Quel cruel dessein ! À l'heure où chacun dormait paisiblement, je m'empressai de remplir mes poches et mon bonnet de petits cailloux blancs...

Le coq n'avait pas encore chanté, que déjà nos parents nous pressaient d'aller fagoter. L'heure du grand départ avait sonné. Cette étrange attitude éveilla chez mes frères une crainte non-dissimulée. Mais tout n'était peut-être pas perdu... À travers les bois, le bruit des canons rythmait notre marche. Jamais nous n'étions allés aussi loin. Parvenus enfin à une clairière, malgré notre épuisement, notre père nous ordonna de nous disperser. À notre retour, nos parents avaient disparu.

– **NOUS SOMMES PERDUS**...
Jamais nous ne retrouverons notre chemin... Nous allons mourir de froid... dévorés par les loups... hurlaient mes frères.

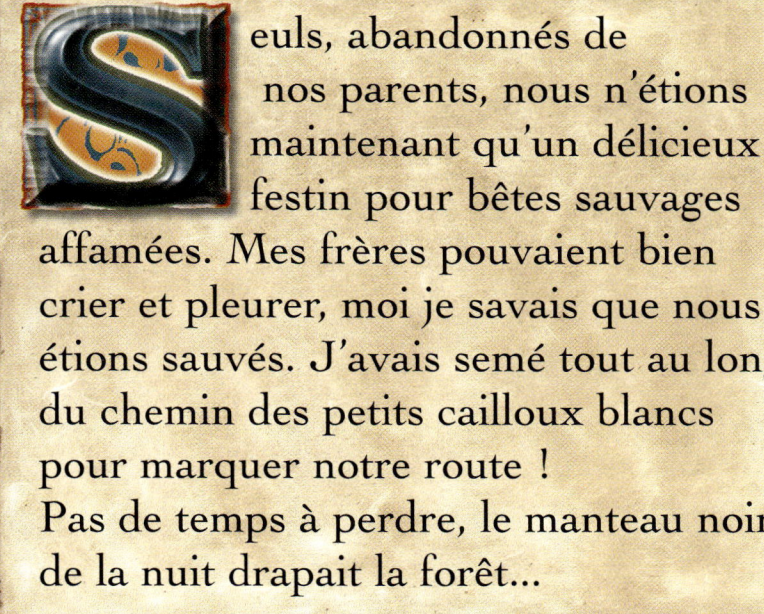

euls, abandonnés de nos parents, nous n'étions maintenant qu'un délicieux festin pour bêtes sauvages affamées. Mes frères pouvaient bien crier et pleurer, moi je savais que nous étions sauvés. J'avais semé tout au long du chemin des petits cailloux blancs pour marquer notre route !

Pas de temps à perdre, le manteau noir de la nuit drapait la forêt...

Ah ! Quel soulagement de retrouver la douceur de notre foyer ! Ma mère, dans un sanglot, releva la tête vers la lumière du couchant et ne put que murmurer en nous voyant :

– Mes pauvres enfants chéris...

Mon père mit fin à nos effusions et, se tournant vers elle, lui commanda :

– Femme, va prendre les écus de la Reine et rapporte-nous notre dîner, que nous fêtions dignement notre bonheur !

Quel ne fut pas notre étonnement d'apprendre qu'en notre absence les soldats du royaume avaient remis cinq écus d'or à nos parents en compensation du pillage des guerriers ! Épuisés, mais heureux, nous avons savouré notre bol de soupe d'avoine, notre premier festin...

Mais la guerre faisait toujours rage. Les combats enflammaient les alentours, tandis que la famine s'étendait à tout le pays. Une nouvelle fois mon père dut se résoudre à nous perdre. Pris de court, seul un quignon de pain sec me servirait à pister notre chemin...

près avoir cheminé vers l'endroit le plus reculé de la forêt, nos parents disparurent à l'instant même où je venais de laisser tomber mon dernier morceau de pain. Naïvement, je nous pensais sauvés.
Mais le destin en avait décidé autrement. Les oiseaux de la forêt ripaillaient joyeusement de notre promesse de retour.
Cette fois-ci, nous étions bel et bien perdus...

La nuit nous surprit quand soudain un souffle tempétueux se déchaîna. L'orage aux mille éclairs grondait au-dessus de nos têtes terrorisées. Les hurlements des bêtes trahissaient un mauvais pressentiment. Là, devant nous, pointaient les yeux étincelants des... **LOUPS** !

Mus par une peur effroyable, nous nous mîmes à courir pour échapper à la meute affamée. Notre unique recours : grimper aux arbres pour sauver nos pauvres âmes.

Mais, sur la plus haute branche qui dominait toute la forêt, nous aperçûmes une étrange demeure...

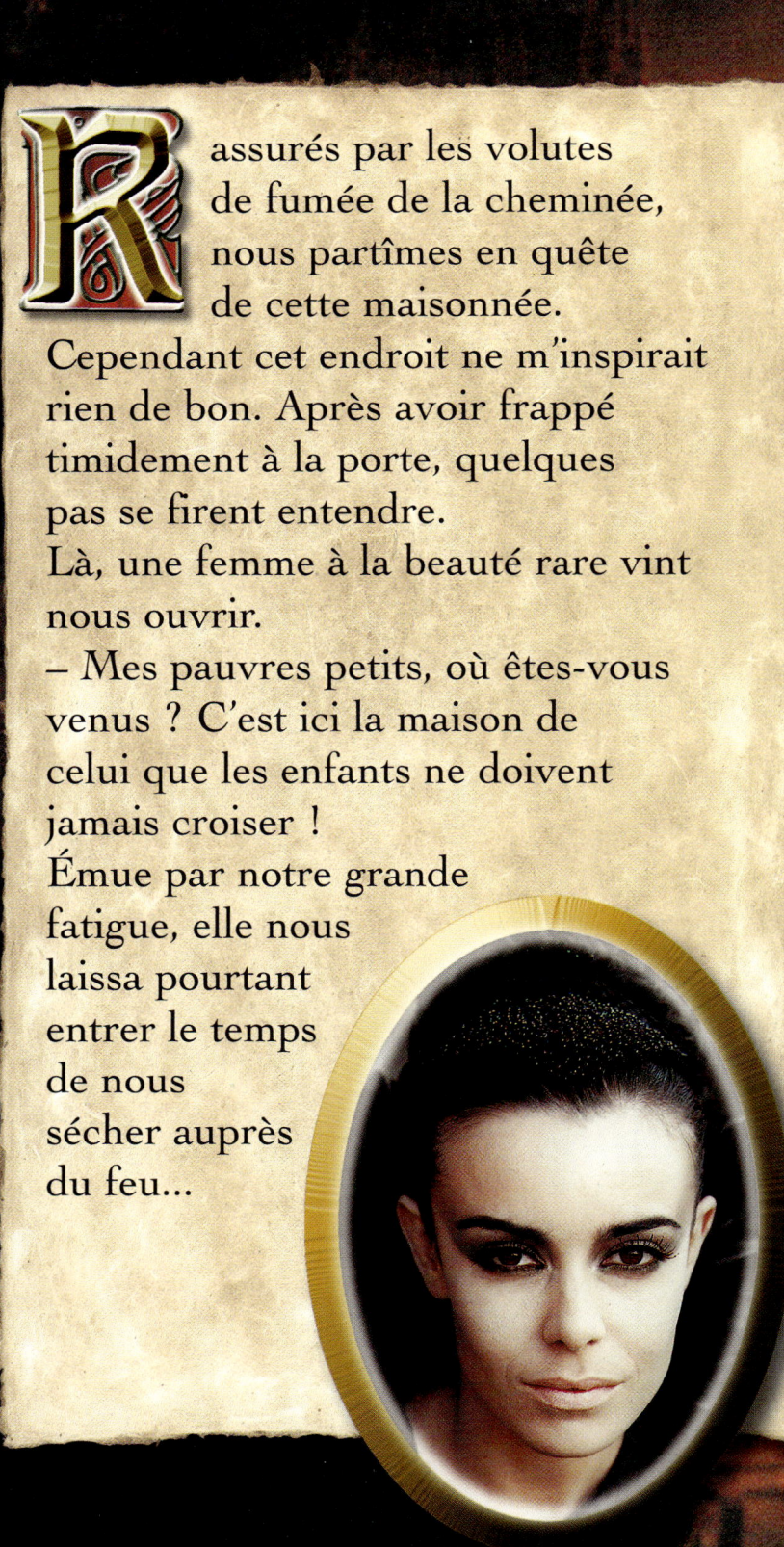

Rassurés par les volutes de fumée de la cheminée, nous partîmes en quête de cette maisonnée. Cependant cet endroit ne m'inspirait rien de bon. Après avoir frappé timidement à la porte, quelques pas se firent entendre.

Là, une femme à la beauté rare vint nous ouvrir.

– Mes pauvres petits, où êtes-vous venus ? C'est ici la maison de celui que les enfants ne doivent jamais croiser !

Émue par notre grande fatigue, elle nous laissa pourtant entrer le temps de nous sécher auprès du feu...

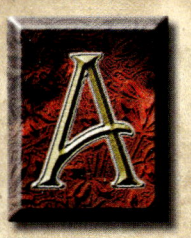 peine avions-nous pu nous reposer un court moment qu'un bruit sourd vint secouer toute la maison.

– Mon Dieu, il arrive, c'est une catastrophe, il faut vous cacher, lança la femme apeurée.

Et, en moins de temps qu'il n'en faut pour le dire, nous nous retrouvâmes entassés dans un lourd coffre de chêne. Par le trou de la serrure, stupéfait, je découvris l'ogre qui traînait Rose par ses cheveux bouclés. Sa laideur me paralysa. Sous son masque de cuir, sa bouche dessinait les traits d'une bête féroce. Rouge de colère, il mugit à sa femme :

– Tiens, couche-la donc. Comment est-ce possible qu'elle soit si différente de nos autres filles ? Dès demain, elle restera enfermée dans sa chambre. Crois-moi, elle deviendra une vraie petite ogresse. Je saurai lui apprendre à être digne de son père.

DE GRÉ OU DE FORCE, ELLE DEVRA OBÉIR...

Du fond de la cachette, nous redoublions d'effort pour contenir nos tremblements d'effroi. L'ogre était attablé devant une profusion de victuailles quand, de sa voix caverneuse, il gronda :

– Ça sent... ça sent... ça sent la **CHAIR FRAICHE** ici !

D'un bond, il se leva et se mit à renifler aux quatre coins de la pièce. Le couvercle du coffre s'ouvrit violemment, nous révélant à son regard affamé. Je fermai les yeux quand il nous prit un par un par le cou.

– **J'AI ENCORE FAIM !** Je vais les manger tout crus, beugla-t-il.

Il avait déjà empoigné Pierrot, mon frère aîné, quand sa femme lui suggéra :

– Pourquoi se presser ? Vous avez tout le temps pour les dévorer. Ils sont si maigres... Un dernier repas parfumerait délicieusement leur chair !

– Tu as raison. Engraissons ces chers enfants ! Et va me chercher nos filles, qu'elles partagent avec moi ce repas...

Sur ce, la mère horrifiée s'en alla chercher ses filles.
Nous prîmes tous place autour de la table dressée en
festin pantagruélique. Ma terreur était telle que je ne
pouvais rien avaler. Néanmoins, à la vue de tous ces
mets, la faim devint plus forte que la peur et, tout comme mes
frères, je me mis à manger timidement d'abord puis avec voracité.
Les filles de l'ogre, quant à elles, avaient d'emblée honoré le
repas. Seule Rose, renfrognée, boudait les plaisirs auxquels
s'adonnaient ses sœurs et ne touchait point à son assiette.
S'apercevant de cela, son père hurla :

– Pourquoi ne manges-tu pas ? Regarde donc tes sœurs...
La frêle voix de Rose, couvrant à peine les barrissements de
son père, s'éleva en un filet fluet :
– Je ne veux pas être une ogresse...
Entendant cela, l'ogre frappa du poing sur la
table, renversant les verres et les plats.
– **TU ES LA HONTE DE LA FAMILLE !**
Monte dans ta chambre ! Et ne
redescends que lorsque tu auras de
l'appétit !

’ogre continuait à manger et à boire tant et plus,
si bien qu’il finit par engloutir le vin d’une barrique
tout entière. Fourbu, il se leva difficilement.
– C’en est assez. Allons nous coucher.
Et toi, femme, veille bien sur notre repas de demain !
Donne-leur un bon lit que leur chair soit tendre
au réveil...

Éclairée à la flamme vacillante
de la chandelle, la femme de
l'ogre nous prépara un large lit,
jumeau de celui de ses filles. Les ogresses,
parées chacune d'une couronne en guise de
bonnet de nuit, se ruèrent sur leur couche.
Mes frères et moi sombrâmes très vite dans
un sommeil profond. Alors que mes paupières

s'alourdissaient, je vis Rose s'approcher de moi et me
secouer doucement.
– Il ne faut pas t'endormir, l'ogre se réveille au milieu
de la nuit quand lui vient une petite faim...
Mais, vite, réveille tes frères !
Déjà l'ogre montait l'escalier. Je me précipitai
vers mes frères et échangeai leurs bonnets
contre les couronnes...

Blottis sous le lit, Rose et moi regardions l'ogre entrer dans la chambre. Le bruit cinglant du poignard qu'il tira de sa ceinture zébra le silence. S'approchant à tâtons du lit de mes frères, sa main sentit les couronnes.

– Par le diable, qu'allais-je faire ? Ce vin m'a cogné la tête !

Et il s'avança vers l'autre lit et...

– Voilà bien les bonnets... Leur chair promet d'être tendre... Commençons l'ouvrage !

Joignant le geste à la parole, il trancha promptement la gorge de ses cinq filles, puis, sans même se retourner, regagna sa chambre.

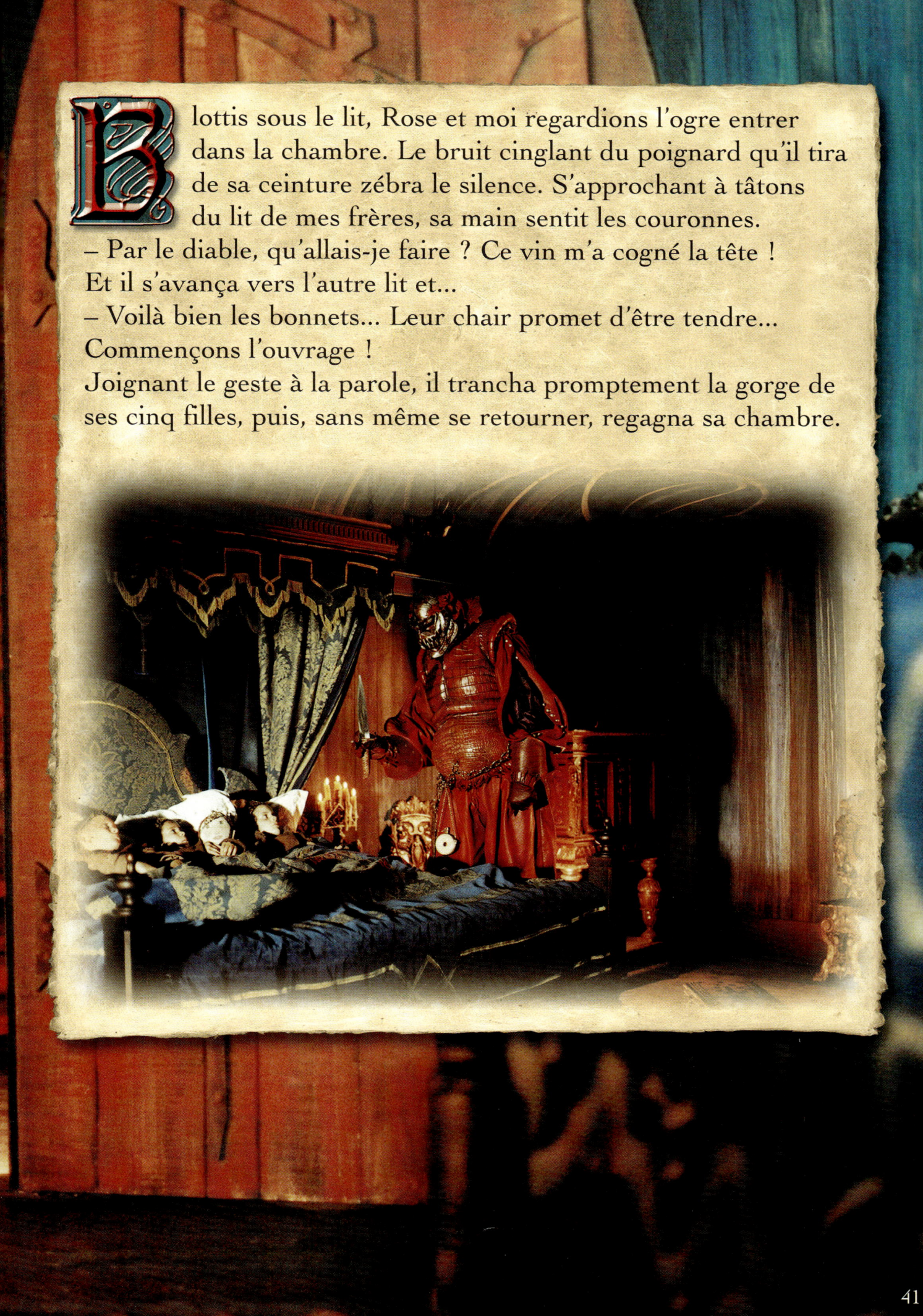

Dès qu'il fut parti, je sautai de ma cachette pour réveiller mes frères.

– Vite, Pierrot, Martin, Jacques, Joseph, debout. Il faut partir. **VITE ! VITE !**

Suivis de Rose, nous détalâmes dans la nuit profonde. Pas une étoile ne guidait notre fuite. Harassés, nous courûmes sans même savoir où nous menait notre course effrénée. Mais déjà un autre malheur nous guettait...

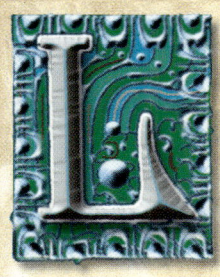’ogre n’avait pas tardé à réaliser sa fatale erreur. Devant le désastre, il poussa un long gémissement, mais aussitôt sa peine se mua en une terrible fureur. Il sauta dans ses bottes de sept lieues et s’élança à notre poursuite...

Quand enfin nous parvînmes à la lisière de la forêt, quel ne fut pas notre désarroi de voir s'élever devant nous une falaise monumentale ! Notre seule issue : escalader la roche... Mais à son sommet, l'ogre nous attendait.

– JE VOUS TIENS ! CETTE FOIS VOUS ALLEZ MOURIR...

Une faille dans la roche nous sauva des griffes du monstre. Mais l'ogre, épuisé par son long voyage, vint s'assoupir juste devant l'entrée de notre refuge. Une occasion rêvée pour lui voler ses bottes de sept lieues et libérer mes frères.

HOURRA ! Je réussis mon pari et, enfilant les chausses magiques, je m'enfuis à la barbe de l'ogre stupéfait.

De sommets en coteaux, je fendais les airs et survolais toute la forêt. À son orée, j'atterris dans un épais brouillard au milieu d'un champ de bataille !

Des hommes, des chevaux gisaient tout autour de moi. Les ravages de la guerre s'étendaient donc jusqu'ici... Dans le silence désolé du charnier, une voix agonisante s'éleva. Un soldat mourant m'appelait dans son dernier souffle :

– Dans ma poche... Prends... Il y a une lettre... C'est un message pour la Reine... Porte-le-lui... Elle saura mettre fin à la guerre.

Enjambant les collines, puis les vallées et enfin les montagnes, j'aperçus le palais. Serrant la lettre contre mon cœur, j'étais loin d'imaginer que ma vie allait changer...

Parvenu aux portes du château où la Reine s'entretenait avec son chef de guerre, je me frayai un chemin parmi les hordes de soldats.

Deux d'entre eux me saisirent.

– Halte-là. Où vas-tu, morveux ?

– Lâchez-moi, j'ai une lettre pour la Reine...

Après quelques secondes d'hésitation, ils se laissèrent convaincre de ma sincérité et c'est ainsi que les lourdes portes de la salle du trône s'ouvrirent.

La Reine se tourna vers moi :

– Que se passe-t-il ? interrogea-t-elle.

– Majesté, cet enfant dit avoir une missive urgente pour vous...

La Reine se mit à lire. Une fois qu'elle eut achevé la lettre, elle leva la tête vers ses hommes et d'une voix empreinte d'émotion leur dit :

– Messieurs, la guerre est finie.

Se penchant vers moi, elle ajouta :

– Quel est ton nom ?

– Poucet, répondis-je timidement.

– C'est un joli nom. Tu apportes la meilleure nouvelle que le peuple ait connue depuis longtemps. Mon garçon, tu es trop jeune pour devenir chevalier, mais tu pourrais faire un excellent messager, un messager d'honneur !

Agenouillés devant la Reine, les cors et les trompettes retentirent.

Sa Majesté déclara en posant une épée sur mon épaule :

— Poucet, je te fais premier messager du royaume.

Les applaudissements de la Cour crépitèrent. La Reine, dont le visage s'était illuminé d'un tendre sourire, se pencha vers moi et me dit :

— La coutume veut qu'en de pareilles circonstances j'exauce un de tes vœux. Réfléchis bien, Poucet...

L'émotion était si forte qu'une foule de pensées se bousculait dans mon esprit. Que pouvais-je tellement désirer, si ce n'était le bonheur pour ma famille et pour moi ?

— Majesté, je ne désire rien d'autre que de revoir enfin les miens, réunis et heureux comme nous l'étions avant cette guerre !

Et mon vœu fut exaucé.

Je n'ai jamais oublié ce voyage au cœur de la forêt. Dans les épreuves que je dus traverser tout au long de ma vie d'homme, le souvenir de cette époque toujours me réconforta. Comme la plume d'ange que je porte encore aujourd'hui à mon cou...

CRÉDITS :

© Cabrol / La Chauve souris / MPA

REMERCIEMENTS :

Un grand merci à Catherine Cabrol et
à toutes les personnes de l'équipe
qui ont permis de fabriquer ces images.
Pour Elliot, Isaac, Liam, Simon…
…attention aux Ogres !

Conception et réalisation graphique :
Luc Doligez

Photogravure :
Bussière, Paris

Impression et reliure : Pollina s.a., 85400 Luçon - n° L84630
N° d'édition : 20115
Dépôt légal : octobre 2001